Impressum
Verlag: BABADADA GmbH, Nedderfeld 112 , 22529 Hamburg
Geschäftsführer / Verlagsleitung: Harald Hof
Druck: Books on Demand GmbH, In de Tarpen 42, 22848 Norderstedt

Imprint
Publisher: BABADADA GmbH, Nedderfeld 112 , 22529 Hamburg, Germany
Managing Director / Publishing direction: Harald Hof
Print: Books on Demand GmbH, In de Tarpen 42, 22848 Norderstedt

koulu
el colegio

luokkahuone
el aula

jakaa
dividir

186/2

taulu
el pizarrón

koulunpiha
el patio de la escuela

opettaja
el maestro

paperi
el papel

kirjoittaa
escribir

kynä
la birome

kirjoituspöytä
el escritorio

viivoitin
la regla

kirja
el libro

oppilas
el alumno

reppu

la mochila

penaali

la caja de lápices

lyijykynä

el lápiz

kynänteroitin

el sacapuntas

pyyhekumi

la goma (de borrar)

piirustuslehtiö

el bloc de dibujo

piirustus
el dibujo

pensseli
el pincel

vesivärit
la caja de pinturas

sakset
la tijera

liima
el pegamento

harjoituskirja
el cuaderno de ejercicios

kotitehtävä
la tarea

luku
el número

lisätä
sumar

vähentää
restar

kertoa
multiplicar

laskea
calcular

kirjain
la letra

aakkoset
el abecedario

sana
la palabra

teksti

el texto

lukea

leer

liitu

la tiza

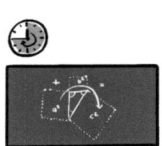

oppitunti

la lección

opettajan muistikirja

el cuaderno de clase

koe

el examen

todistus

el certificado

koulupuku

el uniforme escolar

koulutus

la educación

sanakirja

la enciclopedia

yliopisto

la universidad

mikroskooppi

el microscopio

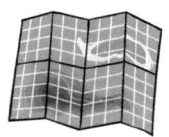

kartta

el mapa

roskakori

el tacho (de basura)

hotelli
el hotel

Grand

retkeilymaja
el hostel

rahanvaihto
la casa de cambio

ECHANGE

matkalaukku
la valija

auto
el auto

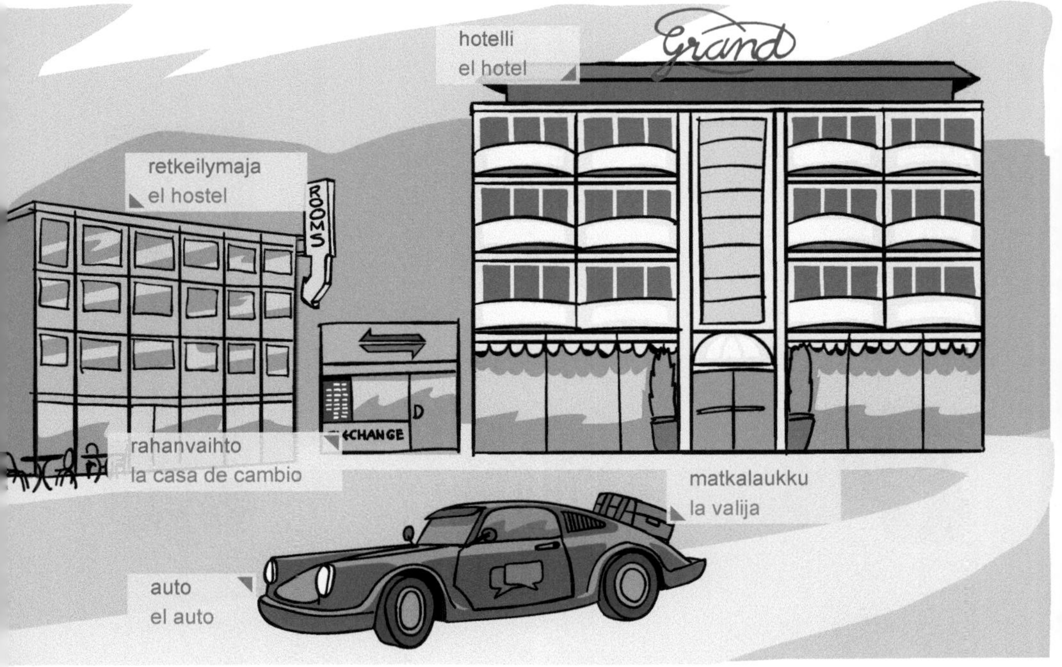

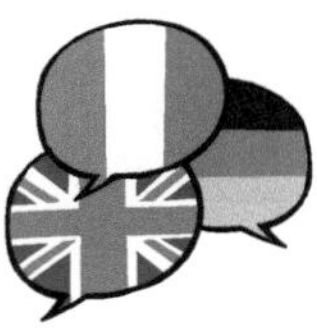

kieli
el idioma

kyllä / ei
sí / no

selvä
Está bien

hei
hola

tulkki
el traductor

kiitos
Gracias

Paljonko...maksaa?

¿cuánto cuesta...?

en ymmärrä

No entiendo

ongelma

el problema

Hyvää iltaa!

¡Buenas tardes!

Hyvää huomenta!

¡Buenos días!

Hyvää yötä!

¡Buenas noches!

näkemiin

el adiós

suunta

la dirección

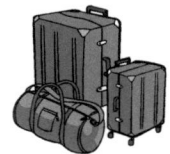

matkatavarat

el equipaje

laukku

el bolso

reppu

la mochila

vieras

el invitado

huone

la habitación

makuupussi

la bolsa de dormir

teltta

la carpa

turisti-info

la información turística

ranta

la playa

luottokortti

la tarjeta de crédito

aamupala

el desayuno

lounas

el almuerzo

päivällinen

la cena

matkalippu

el pasaje

hissi

el ascensor

postimerkki

el sello

raja

la frontera

tulli

la aduana

suurlähetystö

la embajada

viisumi

la visa

passi

el pasaporte

kuljetus
el transporte

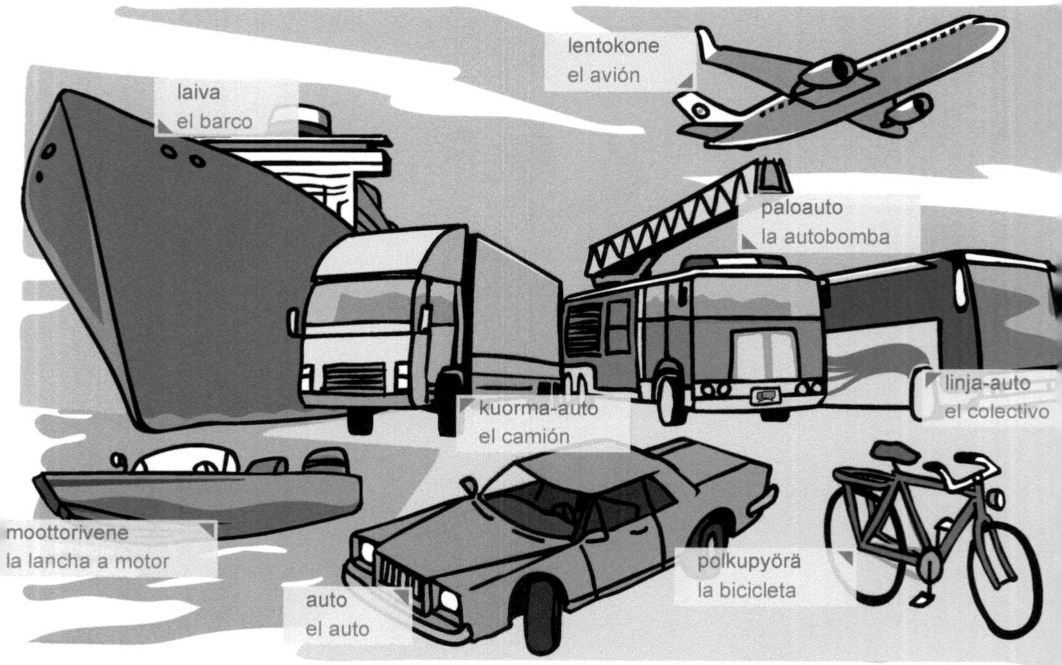

lentokone
el avión
laiva
el barco
paloauto
la autobomba
linja-auto
el colectivo
kuorma-auto
el camión
moottorivene
la lancha a motor
polkupyörä
la bicicleta
auto
el auto

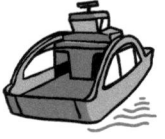

lautta

el ferry

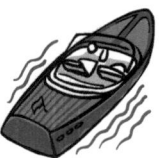

vene

el bote

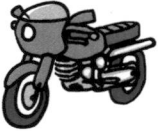

moottoripyörä

la moto

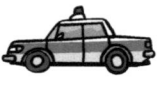

poliisiauto

el patrullero

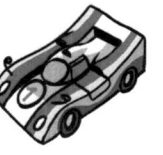

kilpa-auto

el auto de carreras

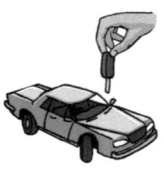

vuokra-auto

el auto de alquiler

car sharing

el alquiler de autos

hinausauto

la grúa

roska-auto

el camión de la basura

moottori

el motor

polttoaine

la nafta

huoltoasema

la estación de servicio

liikennemerkki

la señal de tránsito

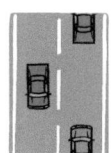

liikenne

el tránsito

ruuhka

el embotellamiento

parkkipaikka

el estacionamiento

rautatieasema

la estación de tren

raiteet

las vías

juna

el tren

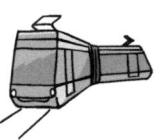

raitiovaunu

el tranvía

vaunu

el vagón

helikopteri

el helicóptero

lentokenttä

el aeropuerto

lähilennonjohto

la torre

matkustaja

el pasajero

kontti

el contenedor

pahvilaatikko

la caja de cartón

kärryt

la carretilla

kori

la canasta

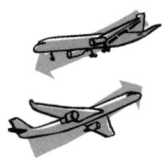

nousta / laskea

despegar / aterrizar

kaupunki
la ciudad

kylä

el pueblo

keskusta

el centro de la ciudad

talo

la casa

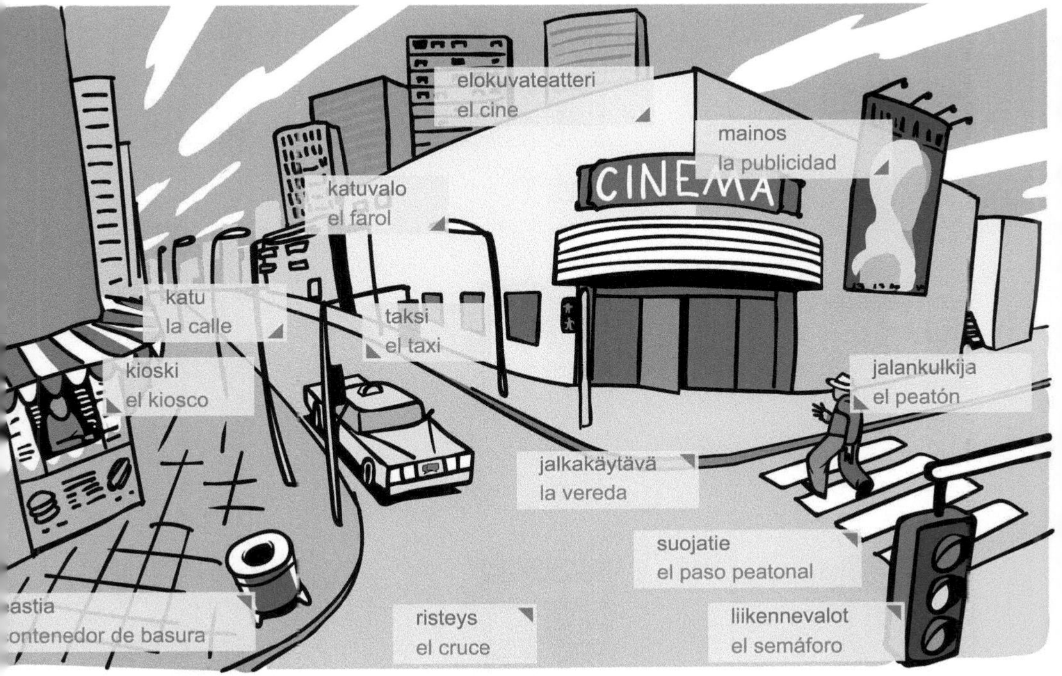

elokuvateatteri
el cine

mainos
la publicidad

katuvalo
el farol

katu
la calle

taksi
el taxi

jalankulkija
el peatón

kioski
el kiosco

jalkakäytävä
la vereda

suojatie
el paso peatonal

astia
ontenedor de basura

risteys
el cruce

liikennevalot
el semáforo

mökki

la cabaña

kerrostalo

el departamento

rautatieasema

la estación de tren

kaupungintalo

la municipalidad

museo

el museo

koulu

el colegio

kaupunki - la ciudad

yliopisto

la universidad

pankki

el banco

sairaala

el hospital

hotelli

el hotel

apteekki

la farmacia

toimisto

la oficina

kirjakauppa

la librería

liike

el negocio

kukkakauppa

la florería

supermarketti

el supermercado

tori

el mercado

tavaratalo

las grandes tiendas

kalakauppias

la pescadería

ostoskeskus

el centro comercial

satama

el puerto

puisto

el parque

penkki

el banco

silta

el puente

portaat

las escaleras

metro

el subte

tunneli

el túnel

linja-autopysäkki

la parada del colectivo

baari

el bar

ravintola

el restaurante

postilaatikko

el buzón

katukyltti

el letrero

parkkimittari

el parquímetro

eläintarha

el zoológico

uimala

la pileta

moskeija

la mezquita

maatila
la granja

ympäristön saastuminen
la contaminación

hautausmaa
el cementerio

kirkko
la iglesia

leikkikenttä
los juegos infantiles

temppeli
el templo

maisema
el paisaje

lehti
la hoja

tienviitta
el poste indicador

tie
el camino

niitty
la pradera

kivi
la piedra

puu
el árbol

retkeilijä
el excursionista

joki
el río

ruoho
la hierba

kukka
la flor

laakso
el valle

vuori
la montaña

järvi
el lago

metsä
el bosque

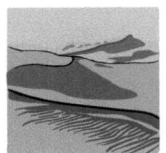

aavikko
el desierto

tulivuori
el volcán

linna
el castillo

sateenkaari
el arco iris

sieni
el champiñón

palmu
la palmera

hyttynen
el mosquito

kärpänen
la mosca

muurahainen
la hormiga

mehiläinen
la abeja

hämähäkki
la araña

kovakuoriainen

el escarabajo

sammakko

la rana

orava

la ardilla

siili

el erizo

jänis

la liebre

pöllö

la lechuza

lintu

el pájaro

joutsen

el cisne

villisika

el jabalí

peura

el ciervo

hirvi

el alce

pato

la presa

tuulimylly

el aerogenerador

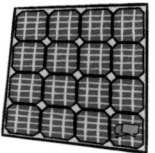

aurinkopaneeli

el panel solar

ilmasto

el clima

ravintola
el restaurante

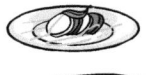

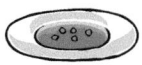

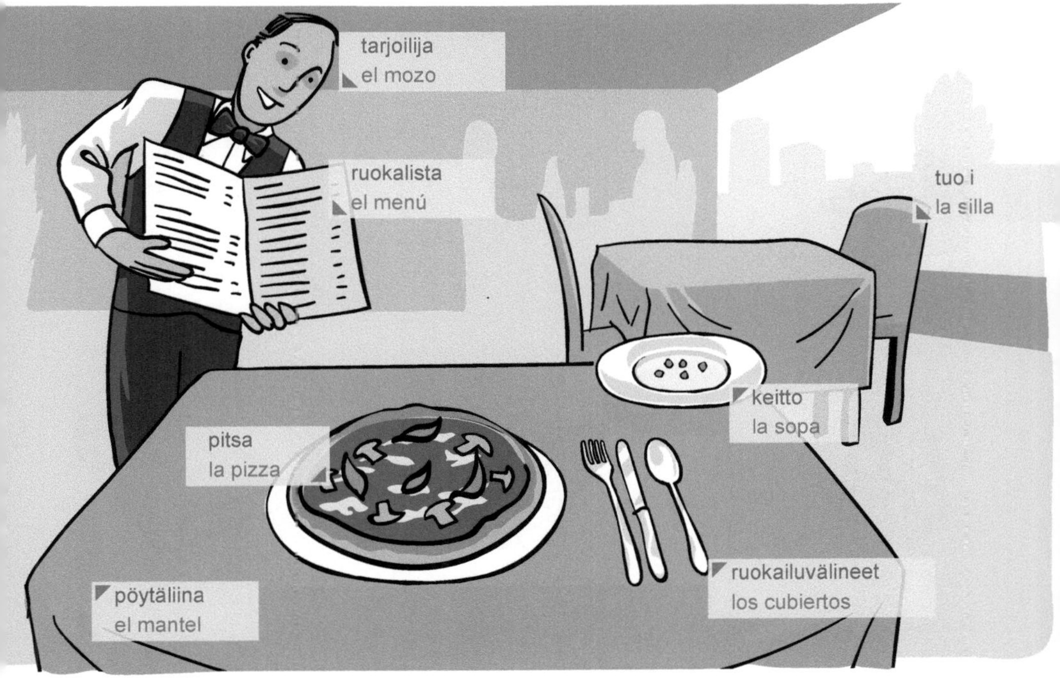
tarjoilija
el mozo
ruokalista
el menú
tuo i
la silla
keitto
la sopa
pitsa
la pizza
pöytäliina
el mantel
ruokailuvälineet
los cubiertos

alkuruoka

la entrada

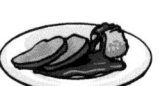

pääruoka

el plato principal

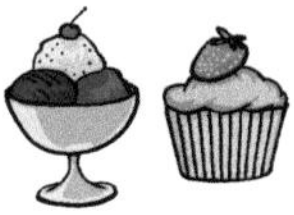

jälkiruoka

el postre

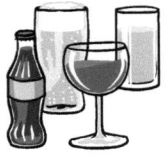

juomat

las bebidas

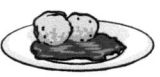

ruoka

la comida

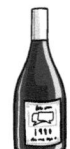

pullo

la botella

pikaruoka

la comida rápida

katuruoka

la comida callejera

teekannu

la tetera

sokeriastia

la azucarera

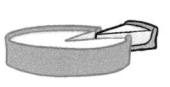

annos

la porción

espressokeitin

la cafetera expreso

syöttötuoli

la sillita alta

lasku

la cuenta

tarjotin

la bandeja

veitsi

el cuchillo

haarukka

el tenedor

lusikka

la cuchara

teelusikka

la cucharita

servietti

la servilleta

lasi

el vaso

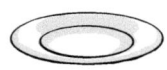

lautanen

el plato

syvä lautanen

el plato hondo

aluslautanen

el plato

kastike

la salsa

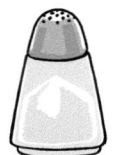

suolasirotin

el salero

pippurimylly

el molinillo de pimienta

etikka

el vinagre

öljy

el aceite

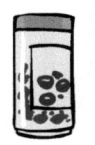

mausteet

las especias

ketsuppi

el kétchup

sinappi

la mostaza

majoneesi

la mayonesa

supermarketti

el supermercado

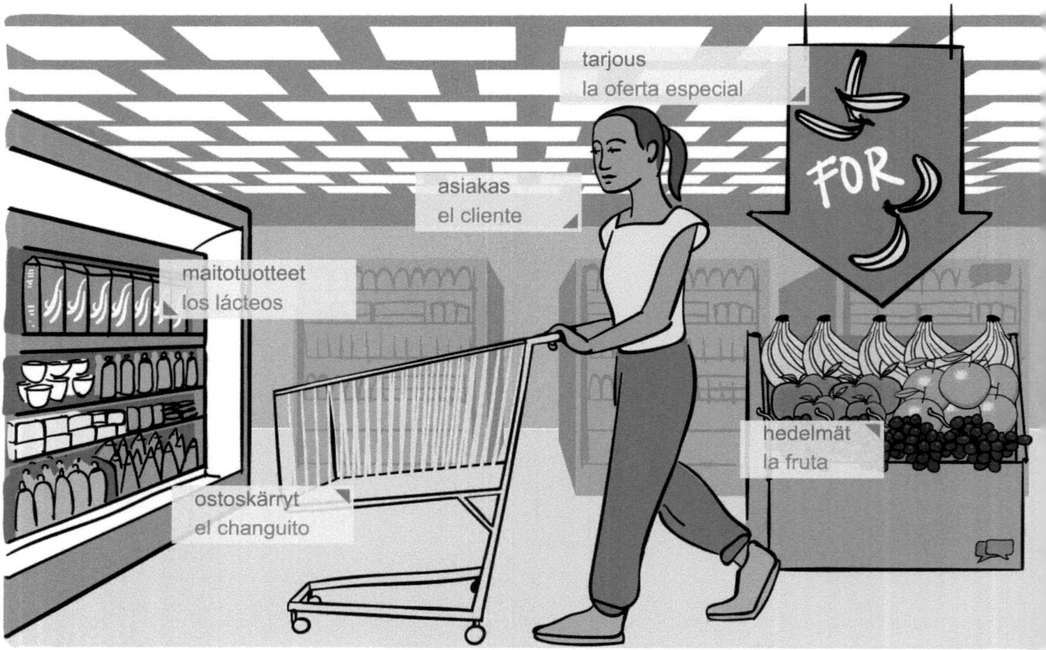
tarjous
la oferta especial
FOR
asiakas
el cliente
maitotuotteet
los lácteos
hedelmät
la fruta
ostoskärryt
el changuito

BUTCHERS

teurastamo

la carnicería

BAKERY

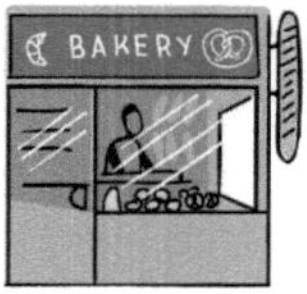

leipomo

la panadería

punnita

pesar

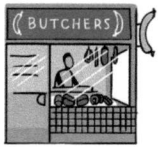

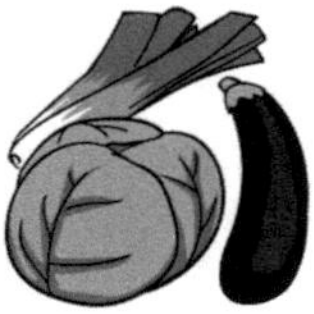

kasvikset

las verduras

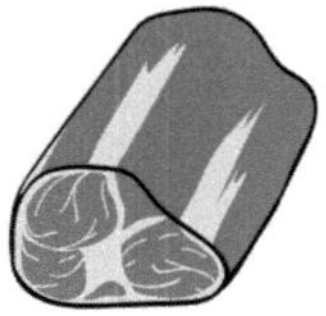

liha

la carne

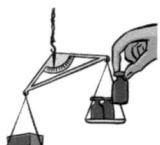

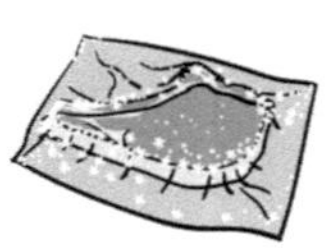

pakasteet

los alimentos congelados

leikkele

los fiambres

säilykkeet

los alimentos enlatados

pesujauhe

el detergente en polvo

makeiset

las golosinas

kotitaloustarvikkeet

los electrodomésticos

puhdistusaineet

los productos de limpieza

myyjä

la vendedora

kassa

la caja

kassanhoitaja

el cajero

ostoslista

la lista de compras

aukioloajat

el horario de atención

lompakko

la billetera

luottokortti

la tarjeta de crédito

kassi

la cartera

muovipussi

la bolsa de plástico

vesi

el agua

mehu

el jugo

maito

la leche

kokis

la bebida cola

viini

el vino

olut

la cerveza

alkoholi

el alcohol

kaakao

el cacao

tee

el té

kahvi

el café

espresso

el café expreso

cappuccino

el cappuccino

banaani

la banana

omena

la manzana

appelsiini

la naranja

meloni

el melón

sitruuna

el limón

porkkana

la zanahoria

valkosipuli

el ajo

bambu

el bambú

sipuli

la cebolla

sieni

el champiñón

pähkinät

las nueces

spagetti

los fideos

spagetti

los tallarines

riisi

el arroz

salaatti

la ensalada

ranskalaiset

las papas fritas

paistetut perunat

las papas fritas

pitsa

la pizza

hampurilainen

la hamburguesa

voileipä

el sándwich

leike

el churrasco

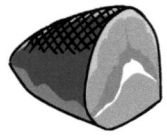

kinkku

el jamón

salami

el salame

makkara

la salchicha

kana

el pollo

paisti

el asado

kala

el pescado

kaurahiutaleet

los copos de avena

mysli

el muesli

murot

los copos de maíz

jauho

la harina

voisarvi

la medialuna

sämpylä

el pancito

leipä

el pan

paahtoleipä

la tostada

keksit

las galletitas

voi

la manteca

rahka

la cuajada

kakku

la torta

kananmuna

el huevo

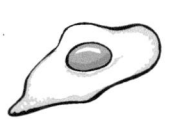

paistettu kananmuna

el huevo frito

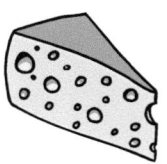

juusto

el queso

jäätelö

el helado

sokeri

el azúcar

hunaja

la miel

hillo

la mermelada

suklaapähkinälevite

la pasta de chocolate

curry

el curry

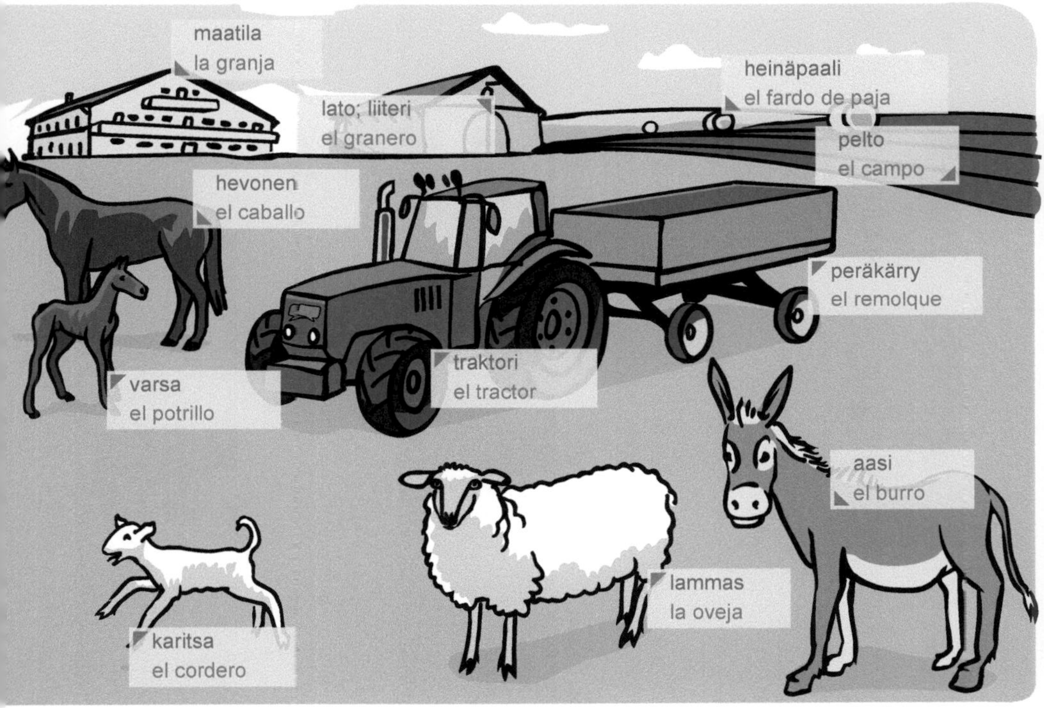

maatila
la granja

heinäpaali
el fardo de paja

lato; liiteri
el granero

pelto
el campo

hevonen
el caballo

peräkärry
el remolque

varsa
el potrillo

traktori
el tractor

aasi
el burro

lammas
la oveja

karitsa
el cordero

vuohi

la cabra

lehmä

la vaca

vasikka

el ternero

sika

el cerdo

porsas

el lechón

sonni

el toro

hanhi

el ganso

ankka

el pato

tipu

el pollo

kana

la gallina

kukko

el gallo

rotta

la rata

kissa

el gato

hiiri

el ratón

härkä

el buey

koira

el perro

koirankoppi

la cucha

puutarhaletku

la manguera

kastelukannu

la regadera

viikate

la guadaña

aura

el arado

sirppi

la hoz

kuokka

la azada

talikko

la horquilla

kirves

el hacha

kottikärryt

la carretilla

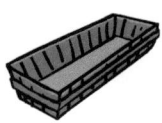

kaukalo

el abrevadero

maitokannu

la lechera

säkki

la bolsa

aita

la reja

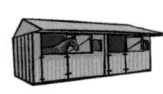

talli

el establo

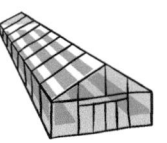

kasvihuone

el invernadero

maa

el suelo

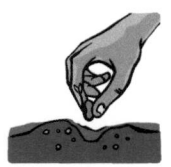

siemen

la semilla

lannoite

el fertilizador

leikkuupuimuri

la cosechadora

kerätä sato

cosechar

sato

la cosecha

jamssit

las batatas

vehnä

el trigo

soija

la soja

peruna

la papa

maissi

el maíz

rypsi

la semilla de colza

hedelmäpuu

el árbol frutal

maniokki

la mandioca

vilja

los cereales

talo

la casa

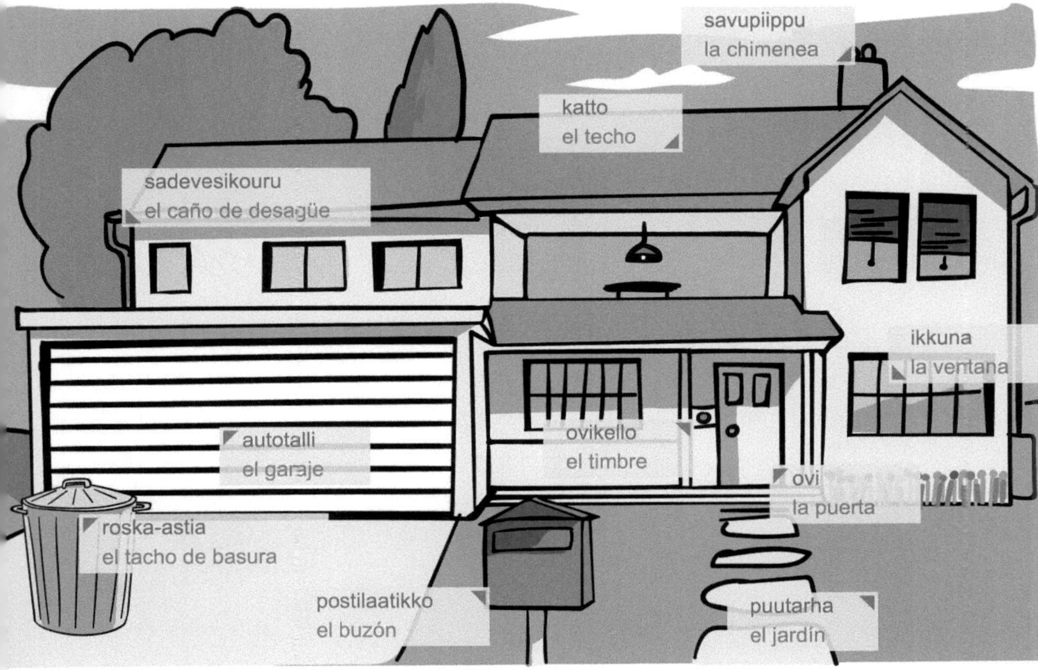
savupiippu
la chimenea
katto
el techo
sadevesikouru
el caño de desagüe
ikkuna
la ventana
autotalli
el garaje
ovikello
el timbre
ovi
la puerta
roska-astia
el tacho de basura
postilaatikko
el buzón
puutarha
el jardín

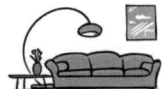

olohuone

el living

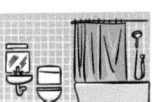

kylpyhuone

el baño

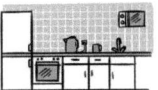

keittiö

la cocina

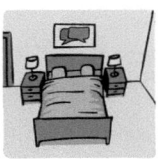

makuuhuone

el dormitorio

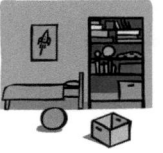

lastenhuone

el cuarto de los chicos

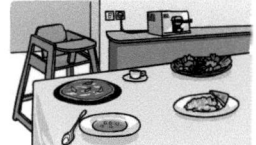

ruokahuone

el comedor

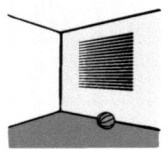

lattia
el piso

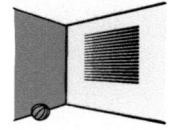

seinä
la pared

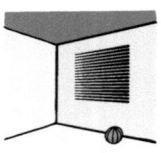

katto
el cielorraso

kellari
el sótano

sauna
el sauna

parveke
el balcón

terassi
la terraza

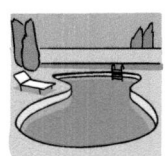

uima-allas
la pileta

ruohonleikkuri
la cortadora de pasto

lakana
la sábana

päiväpeitto
el acolchado

sänky
la cama

harja
la escoba

ämpäri
el balde

katkaisin
el interruptor

olohuone
el living

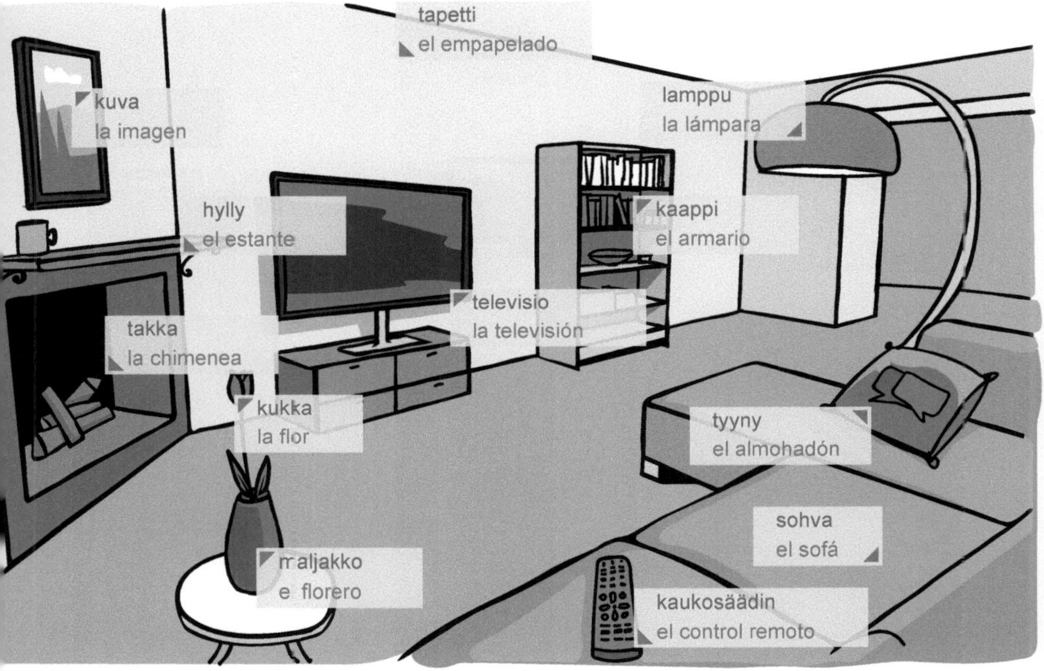

tapetti
el empapelado
kuva
la imagen
lamppu
la lámpara
hylly
el estante
kaappi
el armario
televisio
la televisión
takka
la chimenea
kukka
la flor
tyyny
el almohadón
sohva
el sofá
maljakko
el florero
kaukosäädin
el control remoto

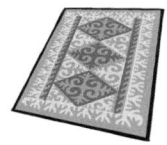

matto

la alfombra

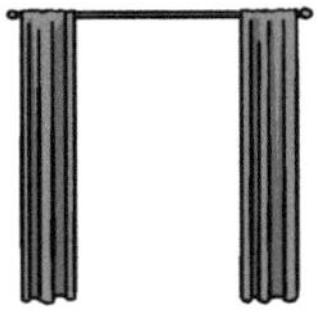

verho

la cortina

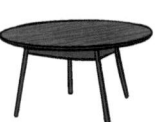

pöytä

la mesa

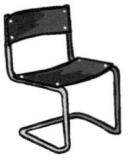

tuoli

la silla

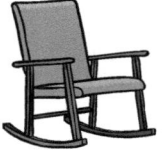

keinutuoli

la mecedora

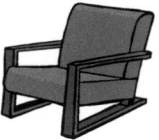

nojatuoli

el sillón

kirja

el libro

peitto

la frazada

koriste

la decoración

polttopuut

la leña

elokuva

la película

stereot

el equipo de música

avain

la llave

sanomalehti

el diario

maalaus

la pintura

juliste

el póster

radio

la radio

muistivihko

el cuaderno

pölynimuri

la aspiradora

kaktus

el cactus

kynttilä

la vela

keittiö

la cocina

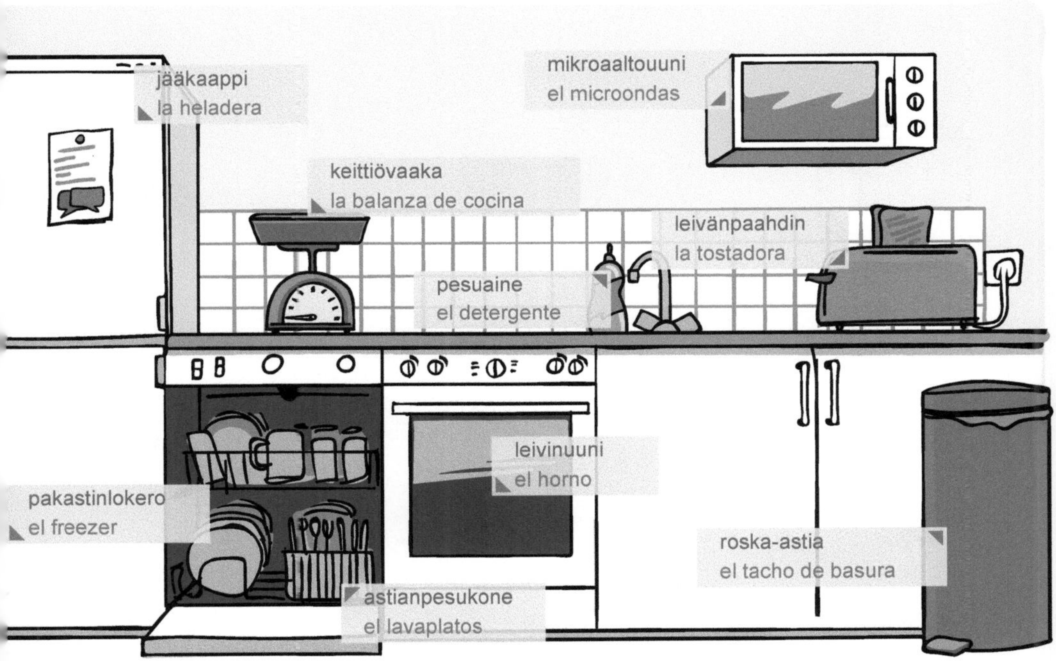

jääkaappi
la heladera
mikroaaltouuni
el microondas
keittiövaaka
la balanza de cocina
leivänpaahdin
la tostadora
pesuaine
el detergente
leivinuuni
el horno
pakastinlokero
el freezer
roska-astia
el tacho de basura
astianpesukone
el lavaplatos

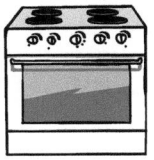

liesi

la cocina

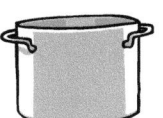

kattila

la olla

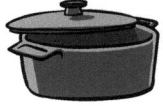

rautapata

la olla de hierro fundido

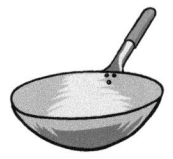

vokkipannu / kadai-pannu

el wok

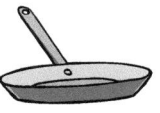

paistinpannu

la sartén

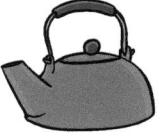

teepannu

la pava

höyrykeitin

la vaporera

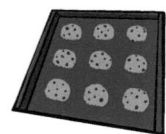

uunipelti

la bandeja de horno

astiat

la vajilla

muki

la taza

kulho

el bol

syömäpuikot

los palitos

kauha

el cucharón

paistinlasta

la espátula

vispilä

la batidora

siivilä

el colador

siivilä

el colador

raastin

el rallador

mortteli

el mortero

grilli

la parrilla

avotuli

la fogata

leikkuulauta

la tabla de picar

kaulin

el palo de amasar

korkinavaaja

el sacacorchos

purkki

la lata

purkinavaaja

el abrelatas

pannulappu

la manopla

lavuaari

la pileta

tiskiharja

el cepillo

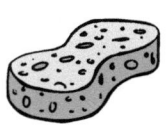

pesusieni

la esponja

tehosekoitin

la batidora

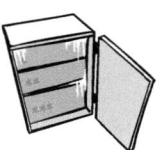

pakastin

el congelador

tuttipullo

la mamadera

vesihana

la canilla

kylpyhuone
el baño

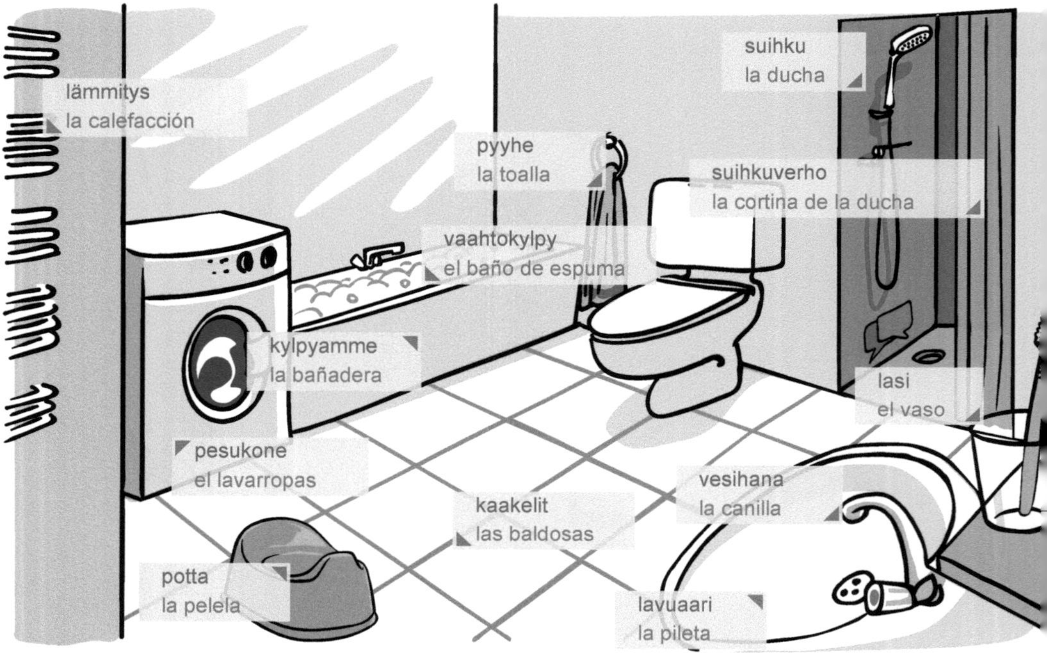
lämmitys
la calefacción
suihku
la ducha
pyyhe
la toalla
suihkuverho
la cortina de la ducha
vaahtokylpy
el baño de espuma
kylpyamme
la bañadera
lasi
el vaso
pesukone
el lavarropas
vesihana
la canilla
kaakelit
las baldosas
potta
la pelela
lavuaari
la pileta

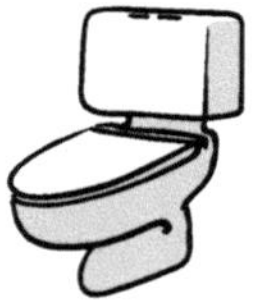

vessa

el inodoro

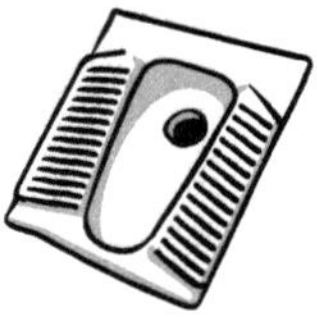

kyykkyvessa

la letrina

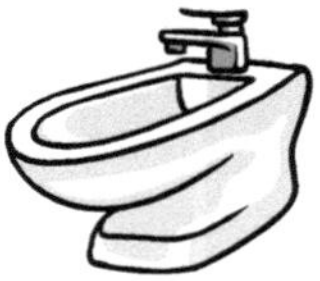

bidee

el bidé

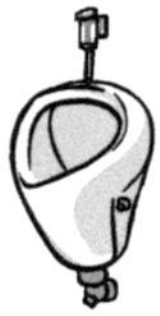

pisuaari

el mingitorio

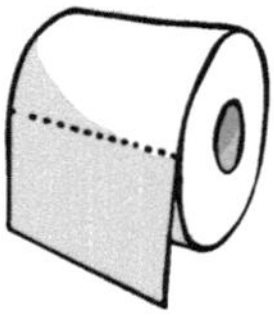

vessapaperi

el papel higiénico

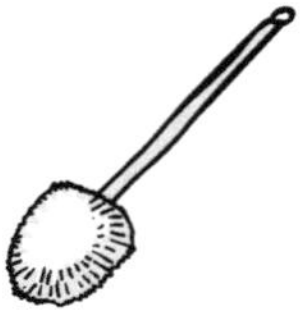

vessaharja

el cepillo para el inodoro

hammasharja

el cepillo de dientes

hammastahna

el dentífrico

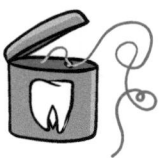

hammaslanka

el hilo dental

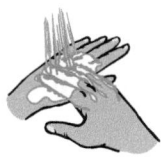

pestä

lavar

käsisuihku

la ducha de mano

intiimisuihku

la ducha higiénica

pesuvati

la palangana

selkäharja

el cepillo para la espalda

saippua

el jabón

suihkugeeli

el gel de ducha

shampoo

el shampoo

pesulappu

la toallita

viemäri

el desagüe

voide

la crema

deodorantti

el desodorante

peili

el espejo

käsipeili

el espejito

partaveitsi

la maquinita de afeitar

partavaahto

la espuma de afeitar

partavesi

el aftershave

kampa

el peine

harja

el cepillo

hiustenkuivaaja

el secador de pelo

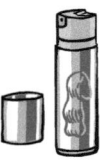

hiuslakka

el spray

meikki

el maquillaje

huulipuna

el lápiz de labios

kynsilakka

el esmalte para uñas

pumpuli

el algodón

kynsisakset

la tijera para uñas

hajuvesi

el perfume

kosmetiikkalaukku

el portacosméticos

jakkara

la banqueta

vaaka

la balanza

kylpytakki

la bata

kumihansikkaat

los guantes de goma

tamponi

el tampón

terveysside

la toallita femenina

kemiallinen wc

el baño químico

lastenhuone

el cuarto de los chicos

herätyskello
el despertador
pehmolelu
el peluche
leikkiauto
el coche de juguete
helistin
el sonajero
nukkekoti
la casa de muñecas
lahja
el regalo

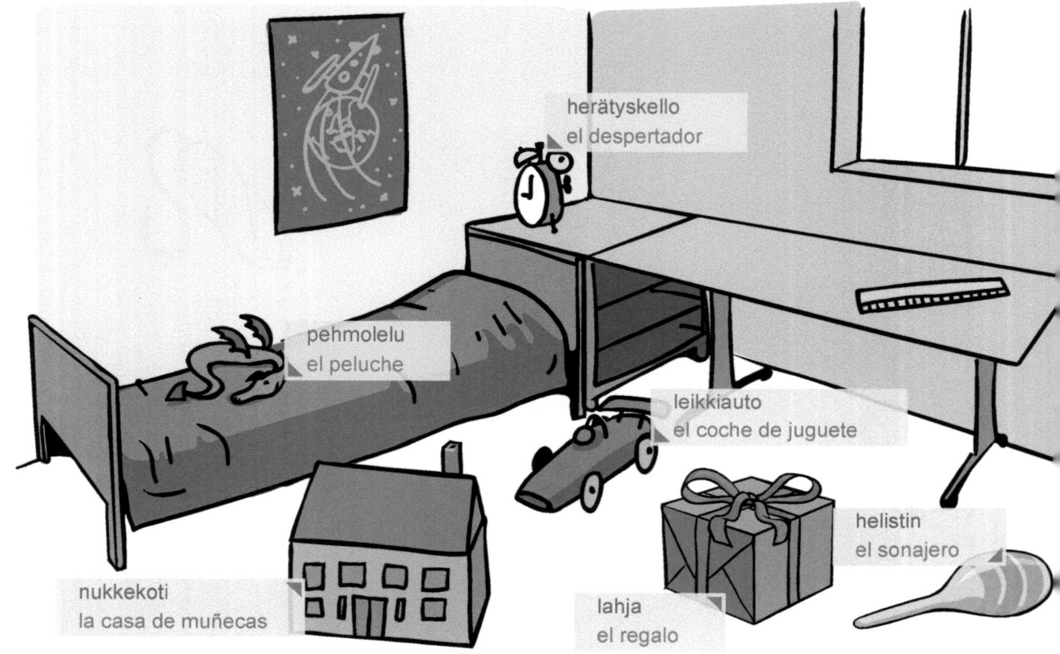

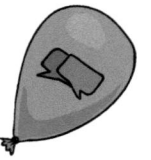

ilmapallo

el globo

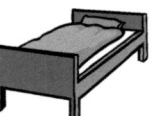

sänky

la cama

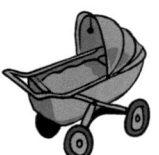

lastenvaunut

el cochecito

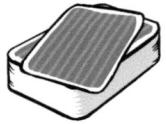

korttipeli

las cartas

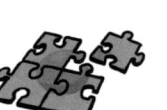

palapeli

el rompecabezas

SUPER MEGA

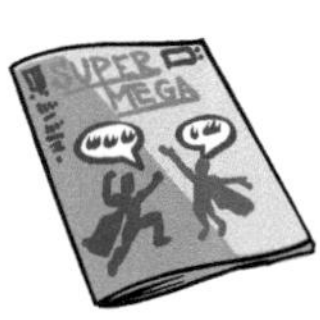

sarjakuva

la historieta

legopalikat

las piezas de lego

rakennuspalikat

los ladrillos de juguete

supersankari

la figura de acción

potkupuku

el enterito (de bebé)

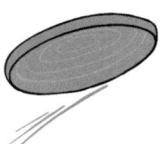

frisbee

el frisbee

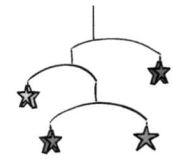

mobile

el móvil para bebés

lautapeli

el juego de mesa

noppa

los dados

pienoisjunarata

el tren eléctrico

tutti

el chupete

juhlat

la fiesta

kuvakirja

el libro de cuentos ilustrado

pallo

la pelota

nukke

la muñeca

leikkiä

jugar

hiekkalaatikko

el arenero

keinu

la hamaca

lelut

los juguetes

pelikonsoli

la consola de videojuegos

kolmipyörä

el triciclo

nalle

el osito de peluche

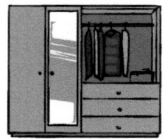

vaatekaappi

el armario

vaatteet
la ropa

sukat

las medias

nylonsukat

las medias panty

sukkahousut

las calzas

kaulaliina
la bufanda

sateenvarjo
el paraguas

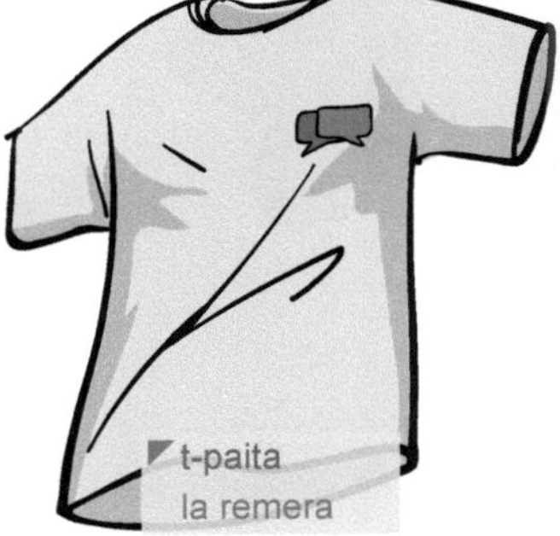

vyö
el cinturón

t-paita
la remera

lenkkarit
las zapatillas

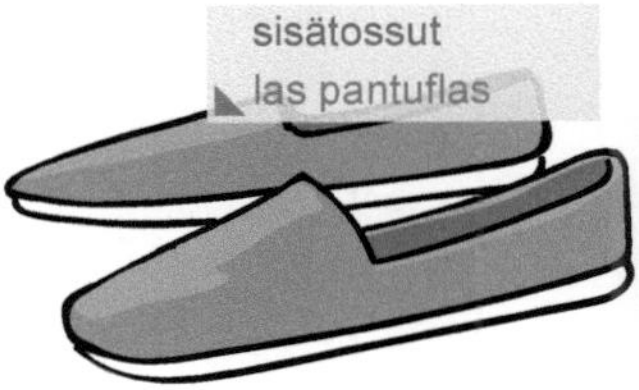

saappaat
las botas

sisätossut
las pantuflas

sandaalit
las sandalias

kengät
los zapatos

kumisaappaat
las botas de goma

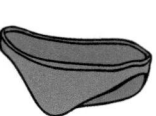
alushousut
la ropa interior

rintaliivit
el corpiño

aluspaita
el chaleco

vaatteet - la ropa

body
el body

housut
los pantalones

farkut
los jeans

hame
la pollera

pusero
la blusa

paita
la camisa

villapaita
el pulóver

collegepaita
el buzo

jakku
el blazer

takki
la campera

takki
el tapado

sadetakki
el piloto

puku
el traje

mekko
el vestido

hääpuku
el vestido de novia

puku

el traje

yöpaita

el camisón

pyjama

el pijama

shari

el sari

päähuivi

el pañuelo para la cabeza

turbaani

el turbante

burka

la burka

kaftaani

el caftán

abaya

la abaya

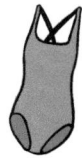

uimapuku

el traje de baño

uimahousut

el short de baño

shortsit

los shorts

verkkarit

el jogging

esiliina

el delantal

käsineet

los guantes

nappi

el botón

silmälasit

los anteojos

rannekoru

la pulsera

kaulakoru

el collar

sormus

el anillo

korvakoru

el aro

lippalakki

la gorra

ripustin

la percha

hattu

el sombrero

solmio

la corbata

vetoketju

el cierre

kypärä

el casco

henkselit

los tiradores

koulupuku

el uniforme escolar

univormu

el uniforme

ruokalappu

el babero

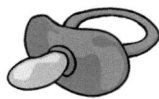

tutti

el chupete

vaippa

el pañal

toimisto
la oficina

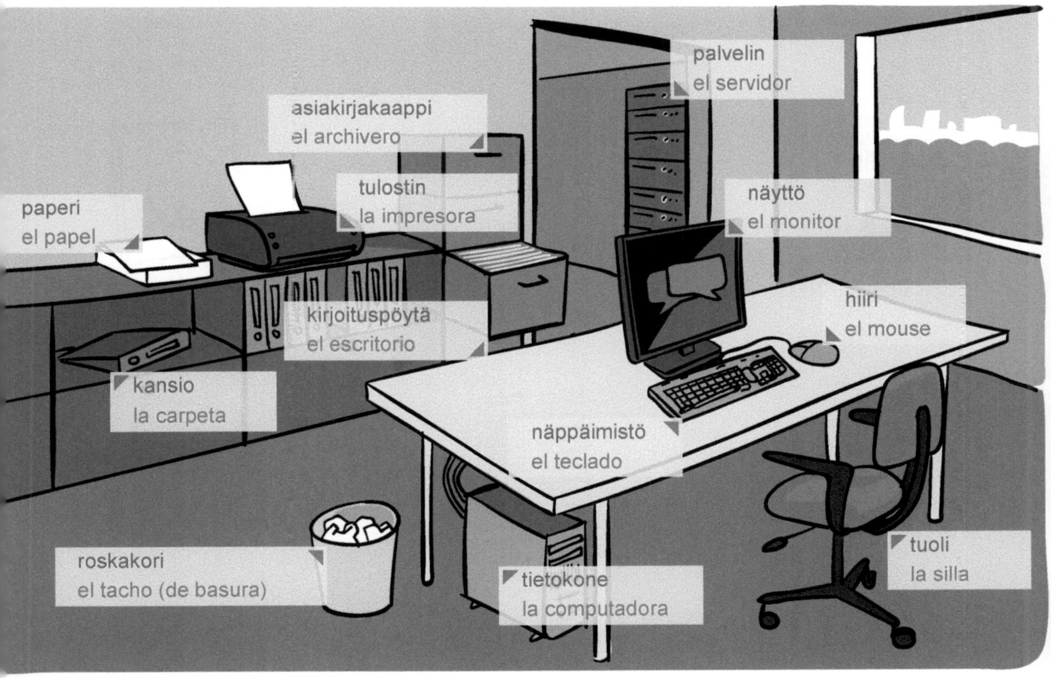

palvelin
el servidor

asiakirjakaappi
el archivero

tulostin
la impresora

paperi
el papel

näyttö
el monitor

kirjoituspöytä
el escritorio

hiiri
el mouse

kansio
la carpeta

näppäimistö
el teclado

roskakori
el tacho (de basura)

tuoli
la silla

tietokone
la computadora

kahvimuki

la taza de café

taskulaskin

la calculadora

internet

el internet

kannettava tietokone

la laptop

kirje

la carta

viesti

el mensaje

kännykkä

el celular

verkko

la red

kopiokone

la fotocopiadora

ohjelmisto

el software

puhelin

el teléfono

pistorasia

el tomacorriente

faksi

el fax

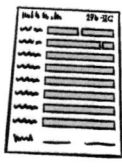

lomake

el formulario

asiakirja

el documento

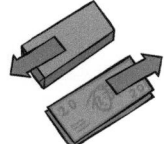

ostaa

comprar

maksaa

pagar

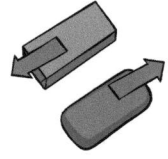

vaihtaa

hacer negocios

raha

el dinero

dollari

el dólar

euro

el euro

jeni

el yen

rupla

el rublo

frangi

el franco suizo

renminbi juan

el yuan

rupia

la rupia

pankkiautomaatti

el cajero automático

rahanvaihto
la casa de cambio

kulta
el oro

hopea
la plata

öljy
el petróleo

energia
la energía

hinta
el precio

sopimus
el contrato

vero
el impuesto

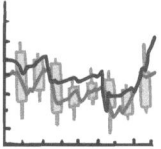

osake
la acción

työskennellä
trabajar

työntekijä
el empleado

työnantaja
el empleador

tehdas
la fábrica

liike
el negocio

ammatit
las ocupaciones

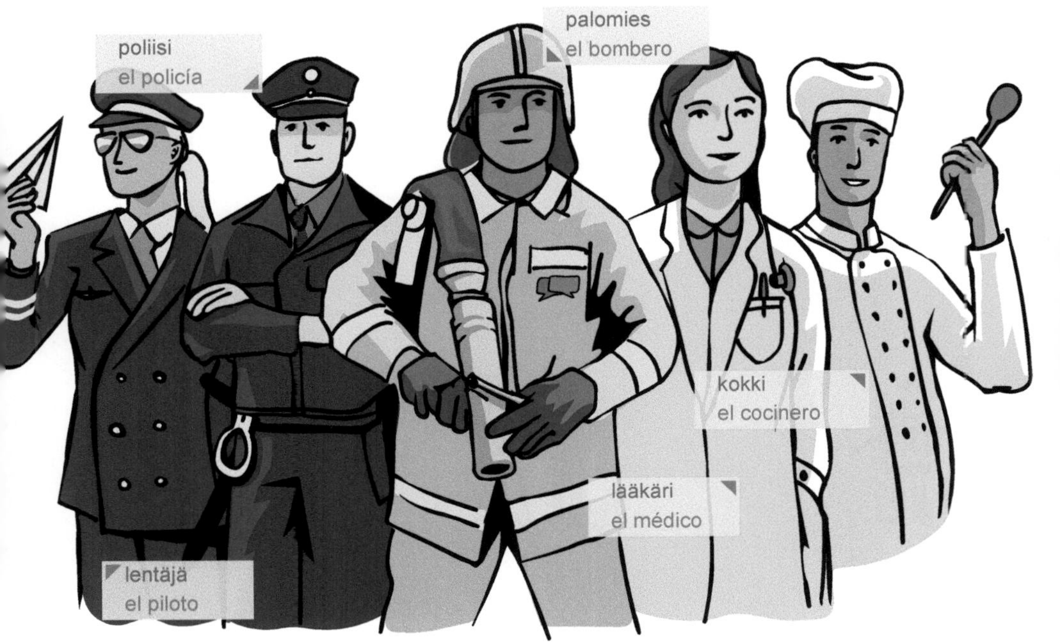
poliisi
el policía
palomies
el bombero
kokki
el cocinero
lääkäri
el médico
lentäjä
el piloto

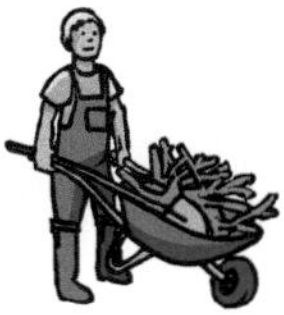

puutarhuri

el jardinero

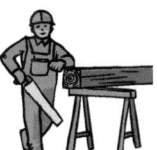

puuseppä

el carpintero

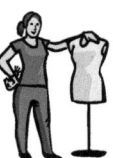

ompelija

la modista

tuomari

el juez

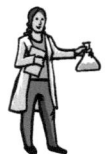

kemisti

el farmacéutico

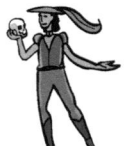

näyttelijä

el actor

linja-autonkuljettaja

el colectivero

taksinkuljettaja

el taxista

kalastaja

el pescador

siivooja

la mucama

katontekijä

el techista

tarjoilija

el mozo

metsästäjä

el cazador

maalari

el pintor

leipuri

el panadero

sähköasentaja

el electricista

rakentaja

el albañil

insinööri

el ingeniero

teurastaja

el carnicero

putkiasentaja

el plomero

postinjakaja

el cartero

sotilas

el soldado

arkkitehti

el arquitecto

kassanhoitaja

el cajero

floristi

el florista

kampaaja

el peluquero

konduktööri

el cobrador

mekaanikko

el mecánico

kapteeni

el capitán

hammaslääkäri

el dentista

tiedemies

el científico

rabbi

el rabino

imaami

el imán

munkki

el monje

pappi

el sacerdote

työkalut
las herramientas

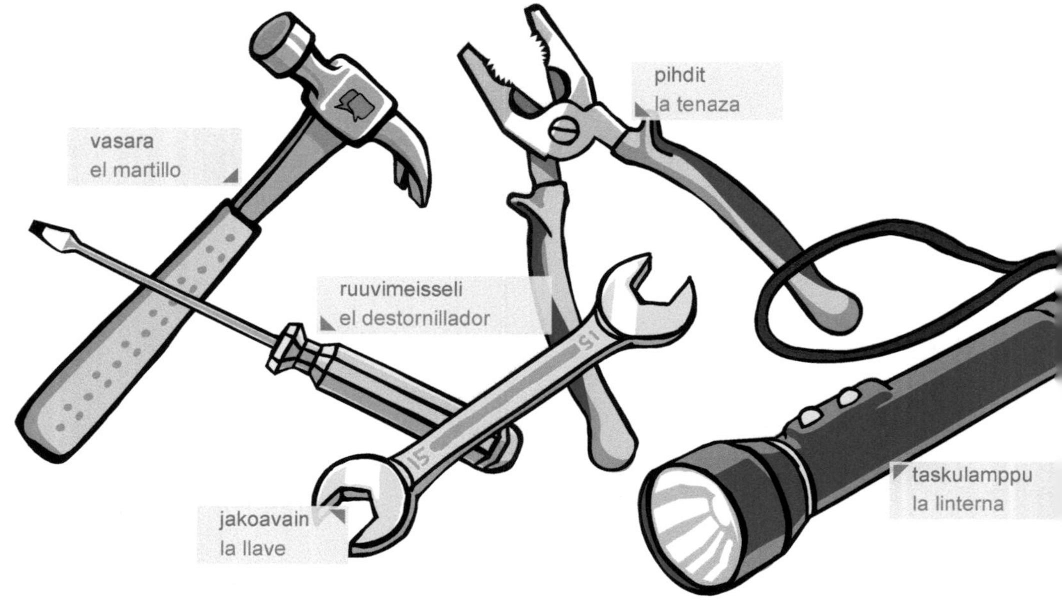
pihdit
la tenaza
vasara
el martillo
ruuvimeisseli
el destornillador
jakoavain
la llave
taskulamppu
la linterna

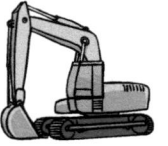

kaivinkone

la excavadora

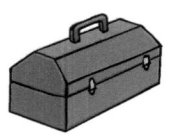

työkalupakki

la caja de herramientas

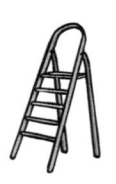

tikkaat

la escalera portátil

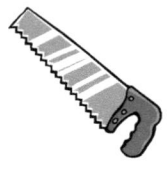

saha

la sierra

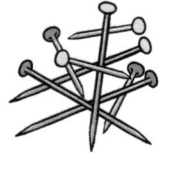

naulat

los clavos

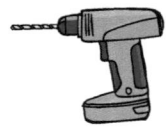

pora

el taladro

korjata

arreglar

lapio

la pala de jardín

Hitto!

¡Qué bronca!

rikkalapio

la pala de plástico

maalipurkki

el tacho de pintura

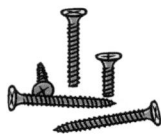

ruuvit

los tornillos

soittimet

los instrumentos musicales

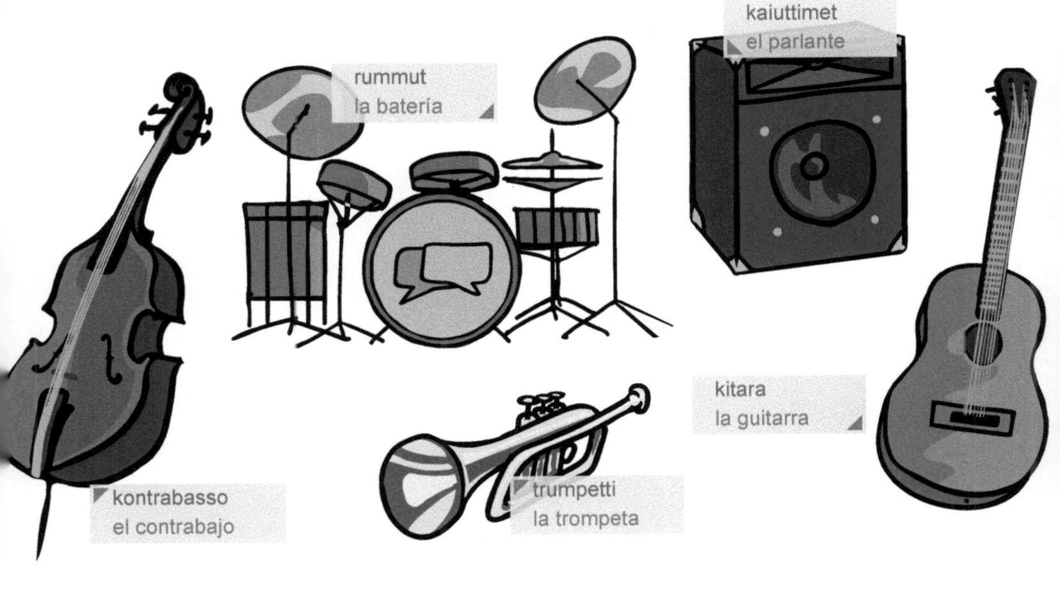

rummut
la batería

kaiuttimet
el parlante

kitara
la guitarra

kontrabasso
el contrabajo

trumpetti
la trompeta

piano

el piano

viulu

el violín

basso

el bajo

patarummut

los timbales

rumpu

el tambor

kosketinsoitin

el teclado

saksofoni

el saxofón

huilu

la flauta

mikrofoni

el micrófono

eläintarha

el zoológico

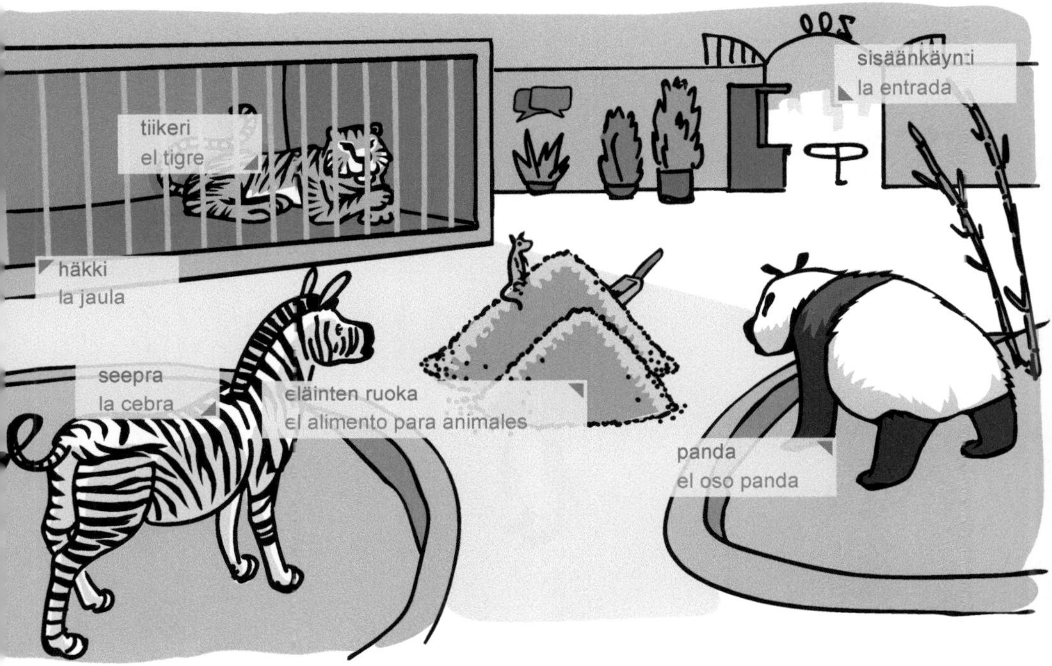

tiikeri
el tigre
häkki
la jaula
seepra
la cebra
eläinten ruoka
el alimento para animales
panda
el oso panda
sisäänkäynti
la entrada

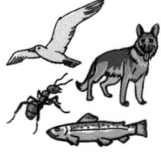

eläimet

los animales

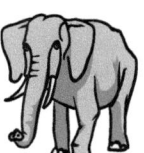

norsu

el elefante

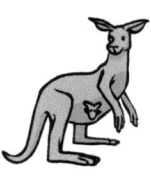

kenguru

el canguro

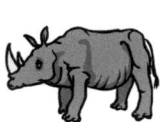

sarvikuono

el rinoceronte

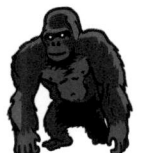

gorilla

el gorila

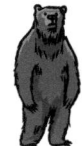

karhu

el oso

kameli

el camello

strutsi

el avestruz

leijona

el león

apina

el mono

flamingo

el flamenco

papukaija

el loro

jääkarhu

el oso polar

pingviini

el pingüino

hai

el tiburón

riikinkukko

el pavo real

käärme

la serpiente

krokotiili

el cocodrilo

eläintarhanhoitaja

el cuidador del zoológico

hylje

la foca

jaguaari

el jaguar

poni

el poni

leopardi

el leopardo

virtahepo

el hipopótamo

kirahvi

la jirafa

kotka

el águila

villisika

el jabalí

kala

el pescado

kilpikonna

la tortuga

mursu

la morsa

kettu

el zorro

gaselli

la gacela

amerikkalainen jalkapallo
el fútbol americano

pyöräily
el ciclismo

tennis
el tenis

koripallo
el básquet

uinti
la natación

nyrkkeily
el boxeo

jääkiekko
el hockey sobre hielo

jalkapallo
el fútbol

sulkapallo
el bádminton

yleisurheilu
el atletismo

käsipallo
el handball

hiihto
el esquí

poolo
el polo

hypätä
saltar

halata
abrazar

nauraa
reir

kävellä
caminar

laulaa
cantar

unelmoida
soñar

rukoilla
rezar

suudella
besar

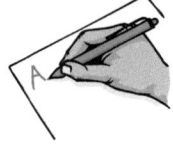

kirjoittaa

escribir

piirtää

dibujar

näyttää

mostrar

painaa

presionar

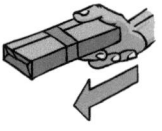

antaa

dar

ottaa

tomar

omistaa

tener

tehdä

hacer

olla

ser

seisoa

estar parado

juosta

correr

vetää

tirar

heittää

tirar

kaatua

caer

maata

estar acostado

odottaa

esperar

kantaa

llevar

istua

estar sentado

pukeutua

vestirse

nukkua

dormir

herätä

despertar

katsoa

mirar

itkeä

llorar

silittää

acariciar

kammata

peinar

puhua

hablar

ymmärtää

entender

kysyä

preguntar

kuunnella

escuchar

juoda

beber

syödä

comer

siivota

ordenar

rakastaa

amar

keittää

cocinar

ajaa

manejar

lentää

volar

aktiviteetit - las actividades

purjehtia

navegar

laskea

calcular

lukea

leer

oppia

aprender

työskennellä

trabajar

mennä naimisiin

casarse

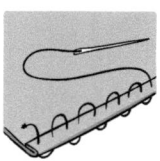

ommella

coser

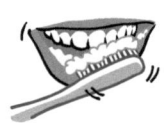

pestä hampaat

cepillarse los dientes

tappaa

matar

tupakoida

fumar

lähettää

enviar

mummo
la abuela

ukki
el abuelo

isä
el padre

äiti
la madre

vauva
el bebé

tytär
la hija

poika
el hijo

vieras
el invitado

täti
la tía

setä
el tío

veli
el hermano

sisko
la hermana

vartalo
el cuerpo

otsa
la frente
silmä
el ojo
olkapää
el hombro
sormet
el dedo
kasvot
la cara
leuka
la pera
käsi
la mano
jalka
la pierna
rinta
el pecho
käsivarsi
el brazo

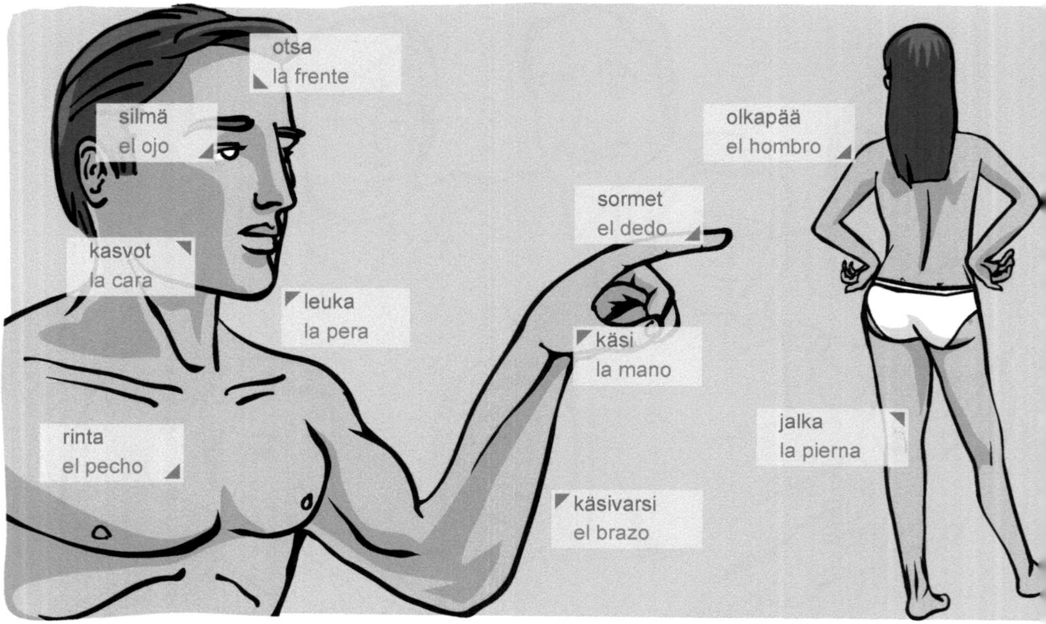

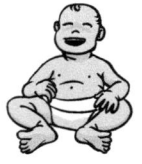

vauva

el bebé

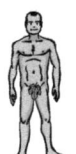

mies

el hombre

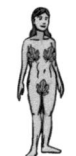

nainen

la mujer

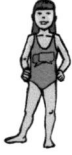

tyttö

la nena

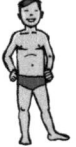

poika

el nene

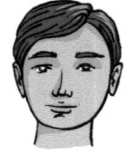

pää

la cabeza

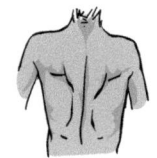

selkä

la espalda

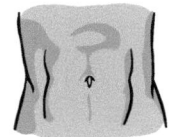

maha

la panza

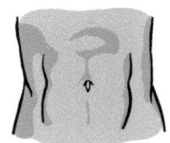

napa

el ombligo

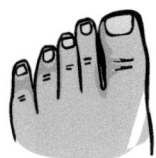

varvas

el dedo del pie

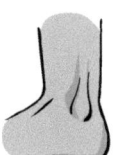

kantapää

el talón

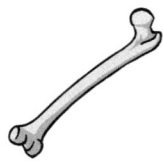

luu

el hueso

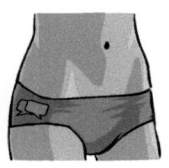

lantio

la cadera

polvi

la rodilla

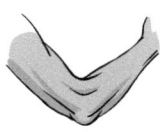

kyynärpää

el codo

nenä

la nariz

takapuoli

la cola

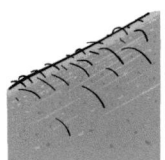

iho

la piel

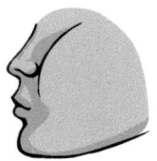

poski

el cachete

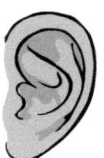

korva

la oreja

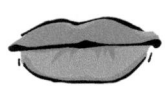

huuli

el labio

suu

la boca

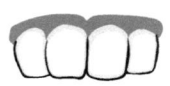

hammas

el diente

kieli

la lengua

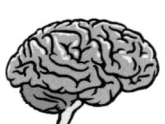

aivot

el cerebro

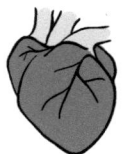

sydän

el corazón

lihas

el músculo

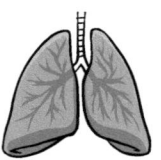

keuhkot

el pulmón

maksa

el hígado

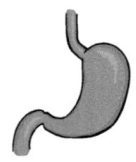

vatsa

el estómago

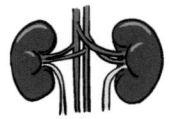

munuaiset

los riñones

seksi

el sexo

kondomi

el preservativo

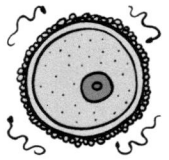

munasolu

el óvulo

sperma

el semen

raskaus

el embarazo

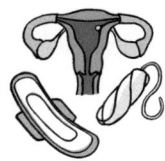

kuukautiset

la menstruación

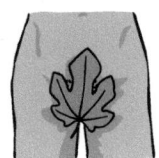

vagina

la vagina

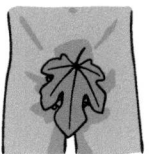

penis

el pene

kulmakarvat

la ceja

hiukset

el pelo

niska

el cuello

sairaala
el hospital

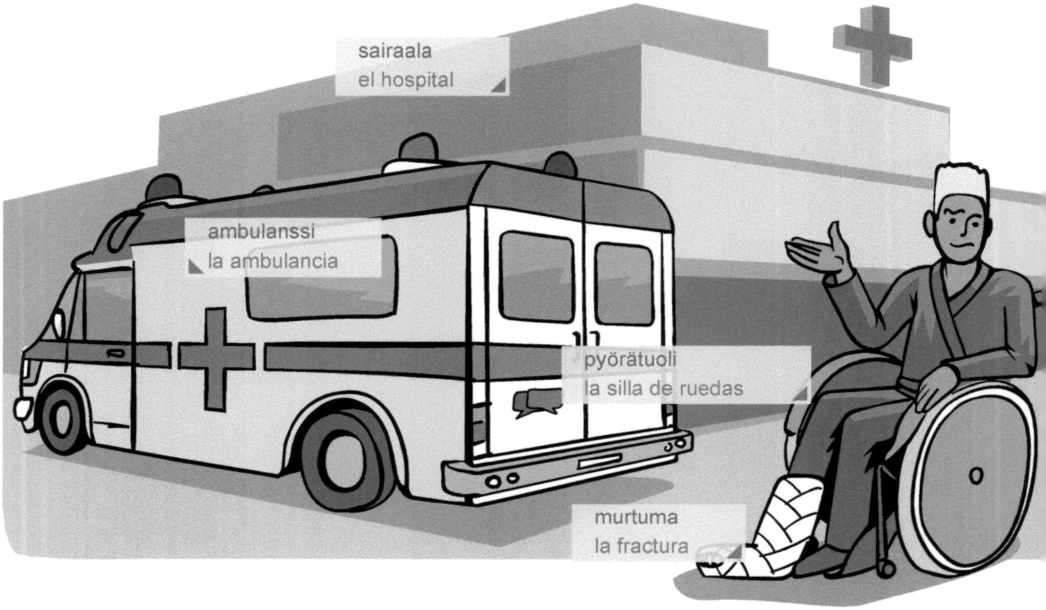

sairaala
el hospital
ambulanssi
la ambulancia
pyörätuoli
la silla de ruedas
murtuma
la fractura

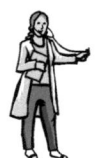

lääkäri
el médico

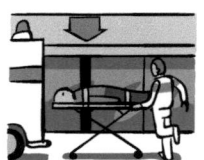

ensiapu
la sala de guardia

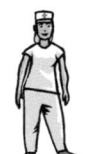

sairaanhoitaja
la enfermera

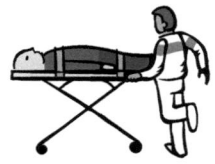

hätätilanne
la emergencia

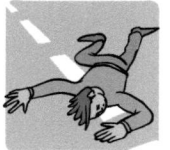

tajuton
inconsciente

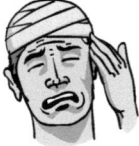

kipu
el dolor

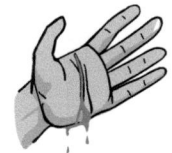

vamma

la lesión

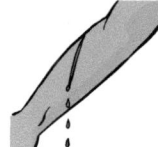

verenvuoto

la hemorragia

sydänkohtaus

el infarto

aivoinfarkti

el ACV

allergia

la alergia

yskä

la tos

kuume

la fiebre

flunssa

la gripe

ripuli

la diarrea

päänsärky

el dolor de cabeza

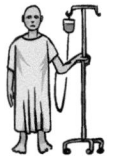

syöpä

el cáncer

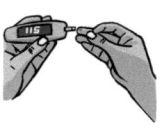

diabetes

la diabetes

kirurgi

el cirujano

veitsi

el bisturí

leikkaus

la operación

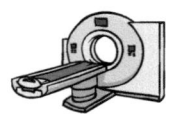

ct
la TC

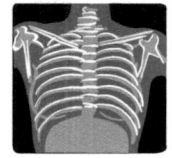

röntgen
los rayos x

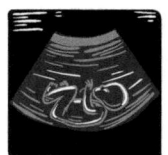

ultraääni
la ecografía

maski
el barbijo

sairaus
la enfermedad

odotushuone
la sala de espera

sauva
la muleta

laastari
la curita

side
la venda

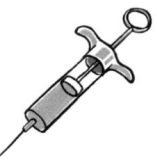

pistos
la inyección

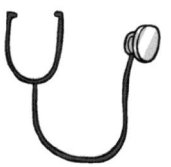

stetoskooppi
el estetoscopio

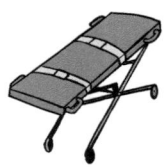

paarit
la camilla

kuumemittari
el termómetro

syntymä
el nacimiento

ylipaino
el sobrepeso

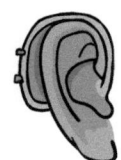

kuulolaite

el audífono

desinfiointiaine

el desinfectante

infektio

la infección

virus

el virus

HIV / AIDS

el VIH / SIDA

lääke

el remedio

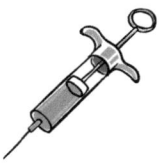

rokotus

la vacunación

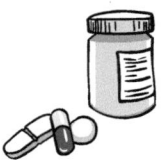

tabletit

los comprimidos

pilleri

la pastilla anticonceptiva

hätäpuhelu

la llamada de emergencia

verenpainemittari

el tensiómetro

sairas / terve

enfermo / sano

Apua!

¡Ayuda!

hälytys

la alarma

ryöstö

la agresión

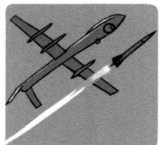

hyökkäys

el ataque

vaara

el peligro

hätäuloskäynti

la salida de emergencia

Tulipalo!

¡Fuego!

palosammutin

el matafuego

onnettomuus

el accidente

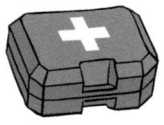

ensiapulaukku

el botiquín de primeros
auxilios

SOS

el SOS

poliisilaitos

la policía

Eurooppa

Europa

Pohjois-Amerikka

América del Norte

Etelä-Amerikka

América del Sur

Afrikka

África

Aasia

Asia

Australia

Australia

Atlantin valtameri

el Atlántico

Tyynimeri

el Pacífico

Intian valtameri

el Océano Índico

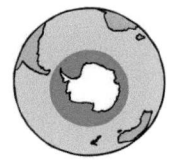

Eteläinen jäämeri

el Océano Antártico

Pohjoinen jäämeri

el Océano Ártico

pohjoisnapa

el polo norte

etelänapa

el polo sur

Antarktis

la Antártida

maa

la Tierra

maa

la tierra

meri

el mar

saari

la isla

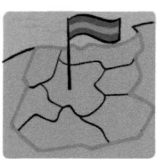

kansa

la nación

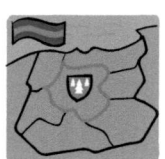

osavaltio

el estado

kellotaulu

la esfera

tuntiviisari

la manecilla de las horas

minuuttiviisari

el minutero

sekuntiviisari

el segundero

Paljonko kello on?

¿Qué hora es?

päivä

el día

aika

la hora

nyt

ahora

digitaalikello

el reloj digital

minuutti

el minuto

tunti

la hora

viikko
la semana

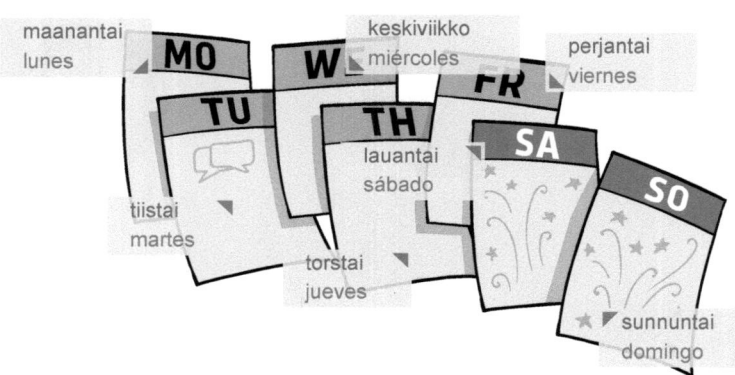

maanantai
lunes

keskiviikko
miércoles

perjantai
viernes

tiistai
martes

lauantai
sábado

torstai
jueves

sunnuntai
domingo

eilen
ayer

tänään
hoy

huomenna
mañana

aamu
la mañana

keskipäivä
el mediodía

ilta
la tarde

MO	TU	WE	TH	FR	SA	SU
1	2	3	4	5	6	7
8	9	10	11	12	13	14
15	16	17	18	19	20	21
22	23	24	25	26	27	28
29	30	31	1	2	3	4

työpäivät
los días hábiles

MO	TU	WE	TH	FR	SA	SU
1	2	3	4	5	6	7
8	9	10	11	12	13	14
15	16	17	18	19	20	21
22	23	24	25	26	27	28
29	30	31	1	2	3	4

viikonloppu
el fin de semana

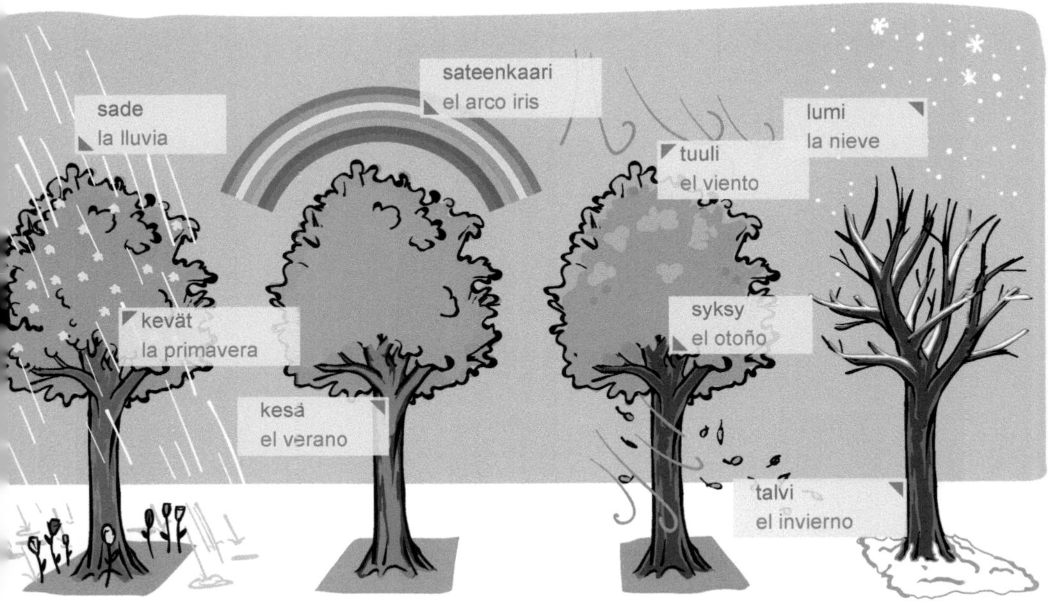

sade
la lluvia

sateenkaari
el arco iris

lumi
la nieve

tuuli
el viento

kevät
la primavera

syksy
el otoño

kesä
el verano

talvi
el invierno

sääennuste

pronóstico meteorológico

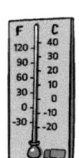

lämpömittari

el termómetro

auringonpaiste

la luz del sol

pilvi

la nube

sumu

la niebla

ilmankosteus

la humedad

salama

el rayo

ukkonen

el trueno

myrsky

la tormenta

rae

el granizo

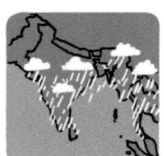

monsuuni

el monzón

tulva

la inundación

jää

el hielo

tammikuu

enero

helmikuu

febrero

maaliskuu

marzo

huhtikuu

abril

toukokuu

mayo

kesäkuu

junio

heinäkuu

julio

elokuu

agosto

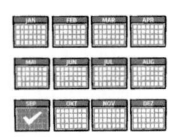

syyskuu

septiembre

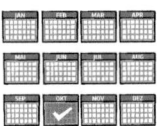

lokakuu

octubre

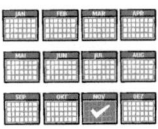

marraskuu

noviembre

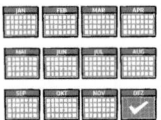

joulukuu

diciembre

muodot
las formas

ympyrä

el círculo

neliö

el cuadrado

suorakulmio

el rectángulo

kolmio

el triángulo

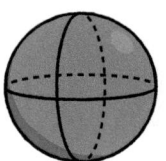

pallo

la esfera

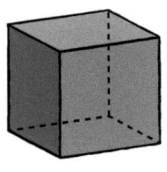

kuutio

el cubo

valkoinen

blanco

keltainen

amarillo

oranssi

naranja

vaaleanpunainen

rosa

punainen

rojo

violetti

violeta

sininen

azul

vihreä

verde

ruskea

marrón

harmaa

gris

musta

negro

paljon / vähän

mucho / poco

vihainen / ystävällinen

enojado / tranquilo

kaunis / ruma

lindo / feo

alku / loppu

el principio / el fin

suuri / pieni

grande / chico

vaalea / tumma

claro / oscuro

veli / sisko

el hermano / la hermana

puhdas / likainen

limpio / sucio

täydellinen / epätäydellinen

completo / incompleto

päivä / yö

el día / la noche

kuollut / elävä

muerto / vivo

leveä / kapea

ancho / angosto

syötävä / syömäkelvoton

comestible / no comestible

paha / kiltti

malo / amable

innostunut / tylsistynyt

entusiasmado / aburrido

lihava / laiha

gordo / flaco

ensimmäinen / viimeinen

primero / último

ystävä / vihollinen

el amigo / el enemigo

täysi / tyhjä

lleno / vacío

kova / pehmeä

duro / blando

painava / kevyt

pesado / liviano

nälkä / jano

el hambre / la sed

sairas / terve

enfermo / sano

laiton / laillinen

ilegal / legal

älykäs / tyhmä

inteligente / estúpido

vasen / oikea

izquierda / derecha

lähellä / kaukana

cerca / lejos

uusi / käytetty

nuevo / usado

ei mitään / jotain

nada / algo

vanha / nuori

viejo / joven

päällä / pois päältä

encendido / apagado

auki / kiinni

abierto / cerrado

hiljainen / äänekäs

silencioso / ruidoso

rikas / köyhä

rico / pobre

oikein / väärin

correcto / incorrecto

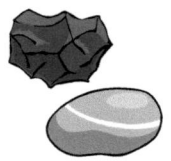

karhea / sileä

áspero / suave

surullinen / iloinen

triste / contento

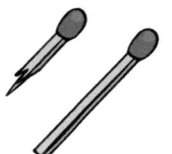

lyhyt / pitkä

corto / largo

hidas / nopea

lento / rápido

märkä / kuiva

mojado / seco

lämmin / viileä

caliente / frío

sota / rauha

guerra / paz

0	**1**	**2**
nolla	yksi	kaksi
cero	uno	dos

3	**4**	**5**
kolme	neljä	viisi
tres	cuatro	cinco

6	**7**	**8**
kuusi	seitsemän	kahdeksan
seis	siete	ocho

9	**10**	**11**
yhdeksän	kymmenen	yksitoista
nueve	diez	once

12

kaksitoista

doce

13

kolmetoista

trece

14

neljätoista

catorce

15

viisitoista

quince

16

kuusitoista

dieciséis

17

seitsemäntoista

diecisiete

18

kahdeksantoista

dieciocho

19

yhdeksäntoista

diecinueve

20

kaksikymmentä

veinte

100

sata

cien

1.000

tuhat

mil

1.000.000

miljoona

el millón

englanti

el inglés

amerikanenglanti

el inglés americano

mandariinikiina

el chino mandarín

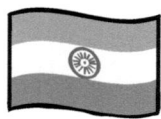

hindi

el hindi

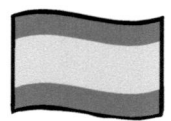

espanja

el español

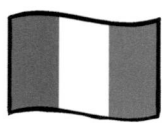

ranska

el francés

arabia

el árabe

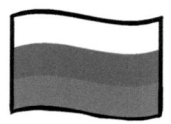

venäjä

el ruso

portugali

el portugués

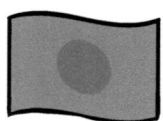

bengali

el bengalí

saksa

el alemán

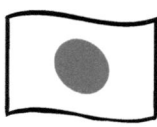

japani

el japonés

minä

yo

sinä

vos

hän

él / ella

me

nosotros

te

ustedes

he

ellos

kuka?

¿quién?

mitä / mikä?

¿qué?

miten?

¿cómo?

missä?

¿dónde?

milloin?

¿cuándo?

nimi

el nombre

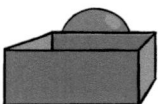

takana

detrás

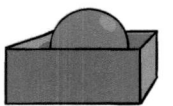

sisällä

en

edessä

adelante de

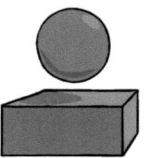

yläpuolella

por encima de

päällä

sobre

alapuolella

debajo de

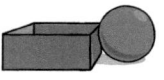

vieressä

al lado de

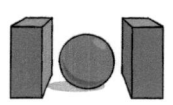

välissä

entre

paikka

el lugar